ISBN 3 88410 018 1

dr.wolfgang baur, verlag kunst & alltag
gartenstr. 1, 8000 münchen 40

druck: fa. eimannsberger, hirtenstr. 26, 8000 münchen 2
(abbildungen)
offsetdruck kist, gräbenbachweg 9, 8121 raisting
(text)

porträt der autorin nach seite 58

Zweite Auflage 1987

VERZEICHNIS DER GEDICHTE

Goldenes Sonnenlicht, 1958	7
An die Erde	8
Eng scheint der Kreis gezogen	9
Gebet	10
An die Traumbuche	12
Morgenlied	13
Nebelgarten	14
Wohin?	15
Nachtgedanken	17
An die Nacht	18
Ostern	19
Wesenloses Sein, 1959	20
Stille	22
Abschiedslied, 1960	24
Meinem Bruder Cornelius, 1961	25
Wolken - Wolken, 1962	28
Wegweisung	29
Du hast mich beim Namen gerufen	30
Lobpreis	31
Gebet, 1963	32
Ursprung	33
Höhenweg, 1964	34
Vergeudete Stunden, 1965	35
Das Lied	36
Silberpappel	37
Rilke gewidmet, 1966	38
Frage	39
Rätsel sind wir alle	40
Ich lebe die Tage	41
Liebeslied, 1967	42
Sommer	43

Erinnerung an Kolocep , 1968	44
Was läßt mich wieder fragen	52
Gang durch das Moor, 1970	53
Regen	54
Herbstlicher Ahorn, 1972	55
Schritte, 1975	56
Meinen Eltern	57
Geburtstag	58
Sendung	59
Frühlingsbote, 1976	60
Moorsee	61
Niemals wirst du begreifen, 1977	64
Am Grabe	65
Geboren bin ich	66
Blind	67
Fremd	68
Antwort	70
Ankunft	71
Nacht laß ab	73
Silvester	74
Halte mein Herz, 1978	75
Tod der alten Bäume, 1979	76
Kettenhemd über meiner Seele	77
Liegen am Hang	78
Begegnung	79
Kaufe die Freiheit	80
telex	81
Genug	82
Brennender Busch	83
Getrübtes Licht	84
Wortspiel	85
Schreite weit aus . . . , 1980	86

Advent 87
Freund 88
Wolke, 1981 89
Gewordensein 91
Meditation in der Krankheit, 1982 93
Vergessen 94
Brunnen bin ich 95
Perspektiven, 1983 96
Mich fallen Einsamkeiten an 97
Laß deine Seele gewähren 98

GOLDENES SONNENLICHT

DU KENNST DAS DUNKEL NICHT –
BIST AUS DER FREUDE GEBOREN.
FÜLL UNS MIT DEINEM GLANZ,
DENN DEM DÄMONENTANZ
WARN WIR VERSCHWOREN.

DU ABER HEBST EMPOR
UNS MIT DES GOTTES MACHT.
HAST SO MIT HEILENDER KRAFT
UNS AN DAS LICHT GEBRACHT.

WENN DAS GESETZ DICH DANN
ENTZIEHT UNSERM BLICK,
LASS DEINEN WIDERSCHEIN
IN UNS ZURÜCK,
DASS WENN IN DUNKELHEIT
STEHT UNSRE WELT,
GLEICH STERNEN LEUCHTEN WIR
AM NÄCHTLICHEN ZELT

AN DIE ERDE

ERDE – KOSMOS,
WIE HÄLTST DU MIT
TAUSEND BANDEN
MICH INNIG UMSCHLUNGEN.
SOLLT ICH LEUGNEN, DASS
NUR AUS DIR ICH KOMME?
UND WOLLT ICH DIR FLIEHEN
SO SENDEST DU BOTEN
MICH NEU ZU BANNEN.
UND WINDE UND WASSER
LOBEN IN WILDEM LIED
DEINE WAHRHEIT.
LIEBEN MUSS ICH DICH —
MICH DEINEN GESETZEN ERGEBEN.
DAS ABER BEDEUTET: "LEBEN".

ENG SCHEINT DER KREIS GEZOGEN

ENG SCHEINT DER KREIS GEZOGEN
DER DICH HÄLT.
LÄCHELND UMFÄNGST DU IHN
UND NENNST IHN WELT.

DOCH IRGENDWO TIEF IN DIR
STRAHLT EIN LICHT,
DAS NÄCHTLICH DIR
VOM UNSAGBAREN SPRICHT.

UND NACH IHM SUCHEND
WIRST DEN KREIS DU ÜBERSCHREITEN
UND OHNE GRENZEN WIRD
DEIN SEIN SICH WEITEN.

GEBET

MEIN GOTT ICH BIN
EIN ELEND FEIGER TOR!
DA ICH IN UNERSÄTTLICH
DUMMER GIER,
NACH ALL DER KLEINHEIT,
DIE DIE WELT ANBIETET HIER,
DAS GROSSE LICHT
DER WAHRHEIT GANZ VERLOR.

HAST DU NICHT MICH
IN GROSSER VATERGÜTE
SELBST ZU DEM REINEN QUELL GEFÜHRT?
DASS ICH NUN IN IHM BLEIBE,
LIEBEND IHN DER WAHRHEIT HÜTE,
WIE ES DEM GOTTESKIND GEBÜHRT?

WIE HAB ICH DICH
DU GRUNDLOS LIEBENDER VERGESSEN!
WIE AUG UND OHR VOR DEINEM RUF BETÄUBT.
IN BÖSEM, LEICHTEM STOLZE
WAR MEIN GEIST VERMESSEN
IN HARTER KÄLTE
HAT MEIN HERZ
SICH DEINER LIEB' GESTRÄUBT.

OH HERR VERGIB, VERGIB!
LASS MICH DICH VATER NENNEN.
KANN NICHT VERGESSEN DEINE LIEB'
WILL DIR IN LIEBE BRENNEN.

UNENDLICH IST DEIN GNADE,
UNNENNBAR DEIN GEDULD!
FÜHRST MICH AUF DEINEM PFADE,
VERGIBST MIR ALLE SCHULD.
NUN LASS MICH GANZ STILL WERDEN
VERGESSEN ALL DER SCHMACH.
ENTRÜCK MICH GANZ DER ERDEN'
UND IHREM UNGEMACH.
MEIN INNIGSTES VERLANGEN
IST GANZ IN DIR ZU SEIN.
HALT EWIG MICH UMFANGEN
IN GÖTTLICH KLAREM SCHEIN.

AN DIE TRAUMBUCHE

SILBERGLANZ AUF DEINEN BLÄTTERN
ROTER BUCHENBAUM,
LEIS BEWEGST DU SIE IM WIND,
UND DEIN RAUNEN SANFT UND LIND –
HÜLLT MICH EIN IN EINEN TIEFEN TRAUM.

MORGENLIED

ACH ICH BIN VOM SCHLAF GEFANGEN,
SONNE MACH' MICH FREI.
TRILLERND SCHON DIE LERCHEN SANGEN
DASS ES MORGEN SEI.
FORT IHR DUNKLEN TRAUMGESTALTEN,
PHANTASIEN DER NACHT.
DÜRFT MICH NUN NICHT LÄNGER HALTEN
BIN ZUM LICHT ERWACHT.
UNTER SEINEM HELLEN ZEICHEN
WILL ICH FRÖHLICH STEH'N:
DÜSTRES ZWIELICHT MUSS NUN WEICHEN -
GROSSES SOLL GESCHEHN!
KÖRPER, SINNE LASST DAS ZAGEN
STARK SEID UND BEREIT.
GOTTES LOB SOLLT IHR NUN TRAGEN -
ES IST HOHE ZEIT.

NEBELGARTEN

WIE STILL IST NUN GEWORDEN
DIE GROSSE, LAUTE WELT,
ZU EINEM KLEINEN GARTEN
HAT GOTT SIE UNS ERWÄHLT.
DEN SCHLEIER SEINER TRÄUME
HAT ER DAREIN VERSENKT
GESCHAFFEN WEITE RÄUME
DEM DER DA SINNT UND DENKT.

AUF, SEELE, AUF UND HEBE
DEIN FLÜGEL HIMMELAN
IN FROMMER SCHEU ERBEBE
VOR DEM, DER LIEBEN KANN.
ER FÜLLT AUCH DEINE LEERE
MIT GÖTTLICH REINER GLUT
DICH SEINER NICHT ERWEHRE
GEH' AUF IN LIEBESFLUT.

WOHIN?

WAS IST ES HERR
DAS WIE EIN MANTEL
DÜSTRER FREMDHEIT MICH UMSCHLIESST?
BIN ICH EIN EWIG HEIMATLOSER
IN DIE WELT GESANDT
IHR FERNSEIN ZU ERMESSEN?
EIN SEHNENDER VERZEHRT VON
GLUT UND LIEBESDURST,
BLEIBT DOCH DAS LETZTE
STETS ABWEISEND MIR VERSCHLOSSEN.
BEGABT NUR MIT DER ERDENWESEN
LEICHTER KÖRPERKRAFT
TRAG' ICH DER STERNE AHNEN
SCHWER IN MIR;

WENN DIE SPIELENDEN LACHEND
DIE REIHEN MIR ÖFFNEN
UND ALLE GEWALT
MICH ZU IHNEN ZIEHT –
DANN REISST DEIN RUF MICH
AUS DER FROHEN SCHAR.

DOCH IMMER WENN ICH
IN WILDER HAST
DAS ENDE DES GARTENS ERREICHE -
SCHLIESST DU DAS TOR
UND ICH ZITTRE VOR DEM BEBEN
DES DONNERNDEN SCHLAGES
UND IN ALLES VERGESSEN
KLINGT DAS ECHO
DES VERLORENEN:

SUCHEND IRRE ICH WEITER:
WIRST DU KOMMEN
UND MICH LÖSEN
AUS DEM LABYRINTH
MEINES WESENS?

ES IST SCHWER
DEIN BOTE ZU SEIN -
HEIMATLOS
ZWISCHEN DEN WELTEN.

NACHTGEDANKEN

HALBER GEDANKEN
TAUMELNDES WANKEN
FÜLLET MEIN SEIN.
SCHWERE DER GLIEDER
HÄLT MICH DARNIEDER
HÜLLET MICH EIN.

GESPENSTISCHES LEBEN
HAST DU UNS GEGEBEN
OHN' ZÜGEL UND LAST.
VOLL MYSTISCHER MÄCHTE
SIND WIR DEINER NÄCHTE
UNHEIMLICHER GAST.

AN DIE NACHT

STILLE KRAFTVOLLE NACHT
BRAUSEND VOM WINDE DURCHBEBT
AUS DIR MEIN GEIST NUN ERWACHT
IN DAS GRUNDLOSE STRÖMEN SICH HEBT.

DU BRICHST DER STUNDE GEWALT
WIRKLICHKEIT LEIHST DU DEM TRAUM
GIBST LAUTLOSEM AHNEN GESTALT
UND ÖFFNEST DEM EWIGEN RAUM.

BIN DOCH ZULETZT IN DIR -
EIN ARMES, UNWISSENDES KIND.
DECK' DUNKEL DIE AUGEN DU MIR,
DASS ICH NUN RUHE FIND.

OSTERN

EINE HOHE LICHTESFLAMME

STEIGT AUS DUNKLER GRABESNACHT.

ALLELUJA – ALLELUJA!

DIR OH CHRIST!

ES IST VOLLBRACHT!

WESENLOSES SEIN

OH DIESES WESENLOSE DASEIN -
DIESE TAGE OHNE FARB' UND GLANZ,
OHNE LICHT UND OHNE DUNKEL,
SO TOT, SO LEER, SO NAMENLOS -
WARUM ZÄHLST DU SIE?
ES IST ALS STÜNDE
SCHON DER ATEM STILL.
ICH SPÜRE NICHT DAS
AUF UND AB DES WELTENGANGES.
ALS SIECHT ICH SCHON DAHIN,
WÄR' NIE GEWESEN -
EIN FAULEND BLATT,
DAS WELK AM BODEN LIEGT.

KEIN WIND ERBARMT SICH
UM ES AUFZUHEBEN -
DENN SINNLOS IST DER TANZ
DES WELKEN LAUBES!

DUMMES GEPLÄNKEL -
HIN UND HERGEWORFEN:
DIE SORGE UM DAS KLEID,
DEN TISCH, DAS BETT.
GESICHTER SIND ÜBER, UNTER DIR -
UND ALLE FREMD:

ALL' DAS GESCHWÄTZ
AUS DEM NICHTS INS NICHTS
GESPROCHEN.
UND DOCH DIE FURCHT,
DIES ALLES ABZUSTREIFEN.
UM DES BETTES WILLEN,
DAS DIE NÄCHTE DICH VERBIRGT?

EIN FREIER MENSCH FÜRWAHR!
TAUSENDMAL GEBUNDEN -
ALLEIN SCHON DURCH
DIE SCHWÄCHE SEINER GLIEDER,
SEINES GEISTES.

NUR WER DEN FESSELN SICH ERGIBT
SPÜRT NICHT MEHR IHRE
SCHNEIDEND ENGE QUAL.
WER VERGISST ZU FRAGEN
UND ZU WARTEN -
DEN BEFREIT DER SCHLAF.

WAS HINDERT MICH
DIES FALLENLASSEN ZU BEGREIFEN?

STILLE

DU SANFTE, MILDE, GÜTIGE STILLE
KOMM'ÜBER MICH,
OH'AUF DICH TU!
MEIN HERZ UND GEIST -
DER STARRE WILLE
VERSINKT IN DIR - UND FINDET RUH.

EIN NICHTS - VERWEHT
DER WIRRE LÄRM DER WELT.
UND NUR AUF ATEMLOSES LAUSCHEN
SIND NUN DIE SINNE
MIR GESTELLT.

DA TÖNT DIE GROSSE,
HEILIGE WEISE -
SIE FÜLLT MIT SÜSSEM WEH
MIR DAS GEMÜT.
UND ÖFFNET WIEDER,
ZART UND LEISE -
DIE TÜR ZU GÖTTLICHEM GEBLÜT.

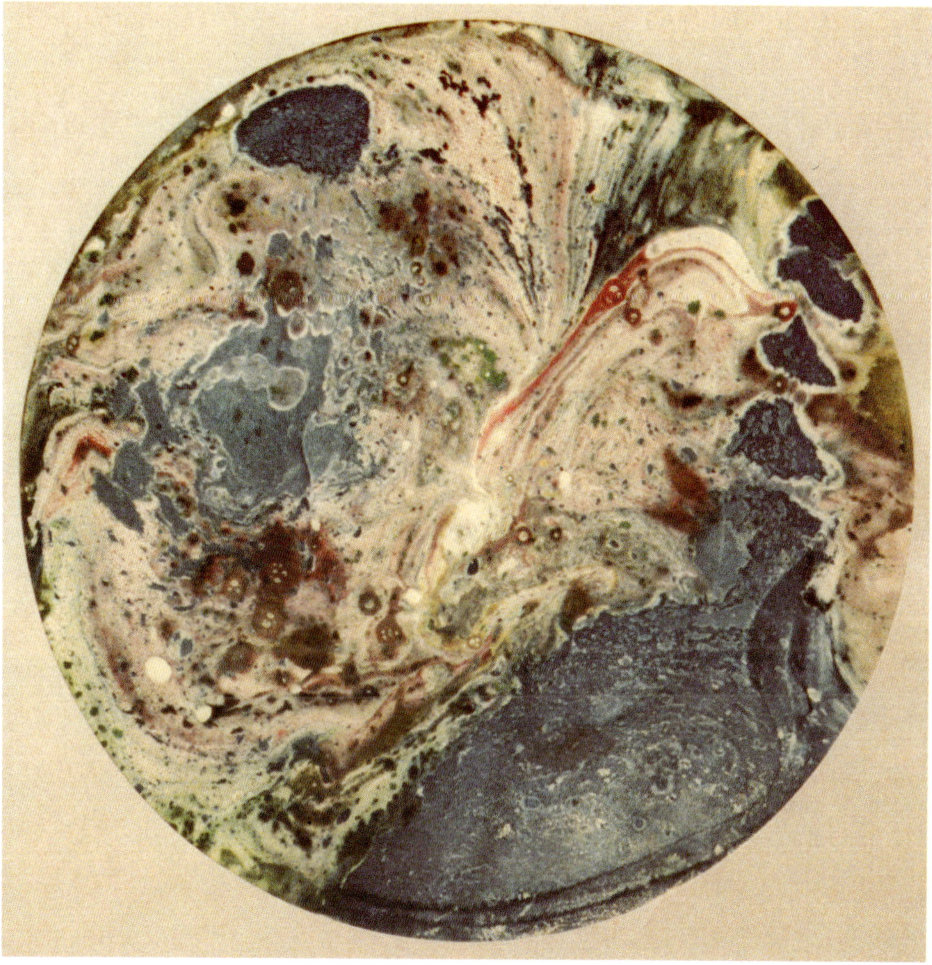

DIE SEELE LÖSET
OHNE ZAUDERN
DER ERDENSCHWERE
DUNKLES KLEID.
UND FÜHLT
IN SELIGEM ERSCHAUDERN
DES VATERS HELLE EWIGKEIT.

ABSCHIEDSLIED

DIES WAR EIN LETZTER GRUSS
EIN HERBSTTAG GOLDEN SCHÖN
NUN DA ICH SCHEIDEN MUSS –
ADE, IHR BERGE, DU FÖHN.

DU HIMMEL SO TIEF, SO BLAU
ÜBER SCHNEEIG GLÄNZENDEM FIRN.
DU NÄCHTLICH FRIEDVOLLE AU –
DU EWIG LEUCHTEND GESTIRN.

DU RAUSCHENDER, SILBERNER BACH
SO MÄCHTIG, SO KLAR UND SCHNELL –
LANG KLINGT IM HERZEN NACH
DEIN LIED MIR FRÖHLICH UND HELL.

MEINEM BRUDER CORNELIUS

BRUDER - WIE SCHWINDEN DIE ZEITEN -
SO TRÄGT UNS DAS LEBEN HINAUS,
FÜHLST DU DIE KINDHEIT ENTGLEITEN,
WO BLIEB UNS DAS BERGENDE HAUS?
VERTRÄUMTER, VERSPIELTER STUNDEN,
HALT EINMAL NOCH AN, SCHAU ZURÜCK!
BALD IST'S AUCH DIR GANZ ENTSCHWUNDEN,
DAS ERSTE, DAS REINSTE GLÜCK!

WIE DAS DASEIN WIR UNS MALTEN
MUSSTEN WIR ES LEBEN -
UND DEN BUNTESTEN GESTALTEN
HABEN WIR UNS HINGEGEBEN.
ALL' DIE MUNTREN SPIELE
HAST DU MIT MIR GETEILT -
ES GAB IHRER SO VIELE -
HALT SIE FEST, EH DER ZAUBER ENTEILT;
WAREN WILDE, PRINZEN, CLOWN,
BAUTEN BURG UND SCHLOSS UND ZELT,
INMITTEN ALL DER NOT, DER RAUHEN,
GEHÖRTE UNS DIE REICHE, WUNDERBARE WELT.

DENKST DU NOCH DER ALTEN TRÄUME,
DIE ICH AM ABEND FLÜSTERND DIR ERZÄHLTE?
VON DER SONNE, DEN WOLKEN UND STERNEN,
VOM SÜDWIND, DEM ICH MICH VERMÄHLTE?
DU GLAUBTEST MIT MIR AN DAS MÄRCHEN
DER NACHT UND HUNDERT GOLDENE STUNDEN
HABEN WIR DARIN VERBRACHT:

UND DIE JAHRE FLOGEN HIN,
PFLICHTEN WUCHSEN UNS UND GRENZEN,
HÄRTER WARD DES LEBENS SINN
UND VERLOR SEIN ERSTES GLÄNZEN.
NOCH FÜHL' ICH DEINE KNABENHAND
FEST IN DER MEINEN RUH'N –
SCHWERES REIFEN, ERNSTES TUN,
DIE HAND WIRD GROSS, STARK DER GRIFF
DU STEUERST NUN SELBST
UND SIEHST AUCH DAS RIFF
DIE GEFAHR DIE DIE TRENNUNG BEDEUTET.

DU WIRST NICHT DARAN BRECHEN,
TRENNT UNS AUCH VIEL -
NICHTS WIRD DICH BESTECHEN,
DU KENNST LOSUNG UND ZIEL.
WIR GEHEN JA EINEN WEG,
KEINER ZERREISST DIESES BAND,
UND KOMMT AUCH DER SCHMALE,
LETZTE STEG - WIR HALTEN UNS
HAND IN HAND!

WOLKEN - WOLKEN

WOLKEN - WOLKEN
EINZIGE GESELLEN
MEINER FLIEGENDEN GEDANKEN.
ACH WIE SEID IHR
MEINEM HERZEN NAH!
WENN IN DUNKEL
DROHENDEN GESTALTEN
IHR ÜBERSCHATTET
STADT UND LAND
BEUGT SICH EUREM WILLEN
EURER KRAFT
WAS IMMER EUCH BEGEGNET:
UND ES STÖHNT UND ÄCHZT
UND BRAUST -
MELODIE DES STURMS!
DAS ZERREISST WAS MORSCH
UND UNBRAUCHBAR.
WIRBELT AUF DEN STAUB,
DER GRAU UND MÜDE
ALLES ÜBERDECKT.

WEGWEISUNG

WAS RÜHRTE SO SELTSAM DIE SEELE MIR AN?
WER HAT AN MIR JENES WUNDER GETAN-
ICH STEH ÜBER ENDLOSEN WEITEN!

WOHER KAM DIE STIMME DIE SINGEND MICH RIEF?
WER TRAF MEINE SEHNSUCHT SO BRENNEND UND TIEF -
WAS ENTHOB MICH DEM RHYTHMUS DER ZEITEN?

ICH HABE MICH SELBST VERLOREN IM ALL
ICH SCHWEBE - ERBEBE IN FURCHT VOR DEM FALL
HINAB IN DAS TÄGLICHE SPIEL.

SO SINNLOS ERSCHEINT DAS VERGANGENE JETZT
EIN LEUCHTENDES ZEICHEN IST MIR GESETZT -
EIN HERRLICH VERLOCKENDES ZIEL.

VERLASS NICHT OH SEELE DIE SCHWINDELNDE BAHN,
STEIGE VERTRAUEND NUR WEITER HINAN,
GEBORGEN IN GOTTES HÄNDEN.
WAGE DICH WEITER, ZAUDERE NICHT -
WENN NIMMER ES DIR AN LIEBE GEBRICHT,
WIRD ER DAS WERK DIR VOLLENDEN!

DU HAST MICH BEIM NAMEN GERUFEN

WIE ES MICH WIEDER DURCHSCHAUERT -
SO HEILIG TRAF MICH DEIN KUSS!
DASS DER WALL DEN ICH UM MICH GEMAUERT
IN EIN NICHTS ZERFALLEN MUSS.
GANZ BIN ICH DIR HINGEGEBEN
DURCHBEBT VON GLÜCK UND WEH -
DURCH ALL MEIN SINNEN, STREBEN -
ICH DICH DURCHSCHIMMERN SEH:
DU HEISSE - DU STRAHLENDE SONNE
DU TRÖSTEND - DU GÖTTLICH LICHT,
DU WARME - DU TIEFSTE WONNE,
DIE ALL MEINE SATTHEIT DURCHBRICHT.
ACH ALL DAS DUNKLE WÄHNEN
UM EIN GUT DAS TIEF IN MIR LAG,
ALL DAS VERLANGEN, DAS SEHNEN
NUN WIRD ES WAHRHEIT, WIRD TAG!
DU HAST MICH BEIM NAMEN GERUFEN -
ICH KOMME, ICH STEIGE HINAN,
DASS ICH HOCH ÜBER DEN STUFEN
DIR VATER DANK SINGEN KANN!

LOBPREIS

SINGEND TÖNET MEINE SEELE
WIE EIN LIEBLICH SAITENSPIEL
AUS DER TIEFSTEN STILLE STEIGET
LIED UM LIED INS HEILIGE ZIEL.
SCHWINGT SICH AUF
UND LÖST SICH SACHT
UND ENTSCHWEBT EH ICH'S BEDACHT.

GEBET

WENN ICH MEINES LEBENS STUFEN
STILL VERWEILEND ÜBERSCHAUE,
TÖNT ES WIE EIN FRAGEND RUFEN,
DASS ICH I H M NICHT MEHR VERTRAUE.

I H M - DER AUS GAR DUNKLEN WIRREN
IMMER TREULICH MICH GELEITET,
MEINEM TROTZEN, SUCHEN, IRRREN,
STETS EIN KLARES ZIEL BEREITET.

DER MICH FÜHRT ZU LICHTEN HÖHEN,
ZU DES GEISTES KRAFT UND MACHT,
DER IN MEINEN STUMPFEN SINNEN
JENE TIEFE GLUT ENTFACHT.

DER MEIN HERZ WENN ES ERKALTET
IMMER NEU MIT LIEB DURCHWALTET.
DER MIR SEINE SCHÖPFUNGSKRAFT
GIBT, UM NEUES ZU GESTALTEN –
ER WIRD GNÄDIG AUCH MEIN WERDEN
TREU IN SEINEN HÄNDEN HALTEN. AMEN

URSPRUNG

WAS DIE DICHTER JE ERSONNEN
IN D I R WARS ZUERST BEGONNEN
IN D I R ENDET JEDES SPIEL.
AUS D I R GLÜHEN ALLE SONNEN
AUS D I R FLIESSEN ALLE WONNEN
DU BIST ALLES WERDENS ZIEL.
ALLES WAS SICH IRGEND REGET
IN D I R WARS ZUERST BEWEGET
IN D I R WURZELT JEDES SEIN.
IN DER FÜLLE DER GESTALTEN
SEH ICH'S REIFEND SICH ENTFALTEN
WUNDERBARER SPIEGEL D E I N .

HÖHENWEG

NOCH BIN ICH TRUNKEN VON SONNE
BIN WARM UND STRAHLEND VOM LICHT
VERSINKE IN GOLDENE BILDER
AUS DENEN ERINNERUNG SPRICHT.
AUF EINSAMEN HÖHENWEGEN
FÜHLE ICH NOCH MEINEN SCHRITT,
WINDSPIEL UND LACHENDE TRÄUME;
TAUMELND FLIEGEN SIE MIT.
RINGS NUR NOCH GLEISSENDE GIPFEL,
UND HIMMEL SEIDIG BLAUEN,
FUNKELNDE SCHNEEKRISTALLE,
VERSUNKEN BIN ICH INS SCHAUEN,
SELIGKEIT DARIN VERWEILEN, -
WAS RIEF MICH DARAUS ZURÜCK?
ZIEHT MICH INS TAL, IN DIE MENGE,
ICH LASSE ES WIEDER DAS GLÜCK?
UND HAB ICH ES GLEICH VERLASSEN,
SO IST MIR DOCH TRÖSTLICH BEWUSST -
ES WARTET UND WIRD MICH ERFASSEN
UND NEU DURCHSTRÖMEN DIE LUST.

VERGEUDETE STUNDEN

MEIN HERZ IST VOLL DER TRAURIGKEITEN.
GRAU SCHEINT HIMMEL MIR UND ERDEN -
ENDLOS DEHNT SICH DER DUMPFE TAG
UND ALLES LICHT ERSTICKT IM WERDEN.

STUNDEN VERRINNEN, VERSINKEN, VERGEH'N -
ICH GEB SIE ZURÜCK - OHNE SINN
OHNE GLÜCK - VERGEUDET VERRONNENE ZEIT.

AUS MEINEN HÄNDEN BRICHT DAS NICHTS
SIE TÄNDELN - VERGEBLICHES SPIEL.
SIE HEBEN SICH SCHEU UND SEHNEN VIEL
DOCH ZULETZT SIND SIE KALT UND STILL.

IN MEINEN AUGEN BRENNT DIE NOT -
TRÄNE BRICHT AUF UND VERSIEGT -
STUMM BLEIBT MEIN SCHREI
UM DER LIEBE BROT - DAS ZERTRETEN
IM STAUBE LIEGT.

DAS LIED

WIE ES MICH LOCKT IN DEN SCHWINGENDEN TANZ –
NUN FÜLLT ES MICH GANZ, ICH BIN MELODIE.
VON HEILIGEM RAUSCH ERFASST SIND DIE SINNE
UND ICH BEGINNE DAS SCHWEBENDE LIED.

WIE ES AUS WARMEM DUNKEL AUFSTEIGT
UM WILDES SEHNEN GÜTIG SICH NEIGT
UND JUBELND ERKLINGT!
LÖSEST MIR SANFT AUS DER SEELE DAS WORT
UND FÜHREST MICH FORT INS UNENDLICHE LICHT.

SILBERPAPPEL

AN DEN EINSAM-LANGEN KRANKENTAGEN
SAH ICH DRAUSSEN DICH
VOR MEINEM FENSTER STEHN.
UND ES SCHWANDEN MIR
DIE DÜSTREN KLAGEN
WEIL ICH DICH SO INNIG
HAB' GESEHN.
VOR DES TIEFEN HIMMELS BLAU
WARST DU GLÄNZEND HINGESTELLT
KLEINE PAPPEL
WINDUMSPIELTER BAUM
AUS DEM GOLDNEN ÜBERFLUSS
DER WELT.
SILBRIGGRÜN UM DICH
DIE BLÄTTER TANZEN -
ZITTERND GANZ DEN LÜFTEN HINGEGEBEN -
UND GEHEIMNISVOLLES RAUNEN
SPÜRST DU UM DEN WIPFEL BEBEN.
SPIEGEL JEDES BLATT
DEM SCHÖNEN LICHTE
UND IN ZARTER ANMUT
LEISE NUR BEWEGT
WIRST DU MIR ZUM GÖTTLICHEN GEDICHTE
DAS SICH HEILEND UM DIE SEELE LEGT.

RILKE GEWIDMET

SO RÄTSELHAFT WIE MEINER SEELE DRÄNGEN,
SO UNAUSSCHÖPFBAR WIE DER LIEBE FLUT –
FIND ICH IN DENEN HEILIGEN GESÄNGEN
DES GANZEN LEBENS HEISSE, VOLLE GLUT.

ICH TRINKE DEINE DUNKLEN WORTE
UND TAUMELND GEH ICH WIE IM TRAUM,
DURCH DEINE BILDER WIE DURCH EINE PFORTE
IN DEINER WEISHEIT TIEFEN RAUM.
WIE AUS EWIGER FERNE ENDLICH HEIMGEKEHRT
FÜHL ICH HIER LIEBEND UND VERSTEHEND
MICH UMFANGEN.
ERLÖST VON ALL DER FURCHT DIE MICH VERZEHRT –
GESTILLT DAS UNERSÄTTLICHE VERLANGEN.

FRAGE

MÜSSEN DENN DIE FERNEN, DUNKLEN TAGE
MUSS JAHR UM JAHR UND MOND UM MOND
DURCHLEBT, DURCHLITTEN SEIN?
WARUM IST ALLES LEBEN IMMER WIEDER FRAGE:
AN WELCHES UFER WIRD DIE FLUT UNS TREIBEN?
WANN IST DAS WILDE SPIEL DENN AUS?
IST NIRGENDS DENN VERWEILEN - BLEIBEN?
WAS JAGT UNS FORT - HINAUS - HINAUS?

MANCHMAL RUHST DU EINE WEILE
IN EINEM LÄCHELN AUS
AUF EINEM ANDEREN GESICHT.
DU FÜHLST ES UM DICH
WIE EIN BERGEND HAUS,
NICHT DEINES IST ES,
DOCH DU WEISST ES NICHT.
BIRGST DICH DARIN
WILLST NIE MEHR WEITERGEHN.
DOCH DANN SCHREIT DIE STRASSE.
DU WIRST AUFSTEHN UND VOR DEM TOR
NIMMT DICH DER WIND
UND TRÄGT DICH FORT.

RÄTSEL SIND WIR ALLE

RÄTSEL SIND WIR ALLE
EINANDER AUFGEGEBEN
IRGENDWANN BEGONNEN

FRAGENDE SIND WIR ALLE
UND GESICHT FRAGT GESICHT:
WORAUS BIST DU GENOMMEN?
WOHER BIST DU GEKOMMEN?

WIR ANTWORTEN NICHT.

ICH LEBE DIE TAGE

ICH LEBE DIE TAGE
LEBE SIE AB
DENK NICHT IHRER WÜRDE,
NICHT WER SIE MIR GAB -
FÜLL SIE MIT WORTEN
UND TATEN.
MIT VIELERLEI ARBEIT
MIT TRAUM UND NOT -
UND WARTE ZULETZT
NUR AUFS TÄGLICHE BROT.
VERGESSE DARÜBER ZU SCHAUEN,
DIE SONNE, DEN HIMMEL
DEN BLAUEN.
DOCH EINMAL RÜHRT ES DANN
LEISE MICH AN -
DA VERSINKT MIR DIE ZEIT,
JENER RASTLOSE PLAN.
AUS BÜCHERN UND BILDERN
STEIGT MIR EMPOR
DIE GEISTIGE WELT
DER MACHTVOLLE CHOR
DER MENSCHENHEIT GÖTTLICHE STIMME.
WEISS TIEF MICH VERBUNDEN
DEM GEIST DER SIE TRÄGT -
DER SIE IN EWIGER SCHÖPFUNG BEWEGT -
SO HAB ICH MICH ENDLICH GEFUNDEN.

LIEBESLIED

HEUT HAB ICH DIE VÖGEL BELAUSCHT
SIE HABENS GEPFIFFEN, GESUNGEN:
DASS DU DAS HERZ UND DEN SINN
MIR BERAUSCHT,
DASS DU MICH GÄNZLICH BEZWUNGEN!

DASS DU MIR LACHEN UND WEINEN BIST,
SCHÖNHEIT, FREUDE UND GLÜCK –
JA DU BIST MIR BLUME UND VOGELLAUT
UND ICH GEB ES DIR LACHEND ZURÜCK!

SOMMER

ICH LIEBE DAS LEBEN
ICH LIEBE ES SEHR
ICH LIEBE ES TÄGLICH VON NEUEM!
ZAUST MICH DER STURM
WIRFT'S MICH UMHER
NICHTS WERDE ICH JE BEREUEN!
ICH LIEBE DIE WELT
IHRE BUNTE GESTALT-
IHRE RAUSCHENDE MELODIE -
ICH GEBE MICH GANZ
IN IHRE GEWALT -
UND LASSE, LASSE SIE NIE!

ERINNERUNG AN K O L O C E P

DU FÜLLTEST UNS DIE BITTEND
HINGEHALTNEN HÄNDE SCHWER.
MIT GÜLDNEN STUNDEN.
EIN VOLLES MASS –
GLÜHEND VON LICHT.
SANDKORN – STUND UM STUNDE.
UND SO MIT GLÜCK BELADEN
TRATEN WIR IN DIESES NEUE LAND.
UND ZEIT SCHIEN EWIGKEIT
UND DEINE GABE DURFTEN WIR
VERSCHWENDEN.

ALS DIE ERSTEN GÜLDNEN STEINE
FIELEN, DA FÜHLTEN WIR DIE HAND
NICHT LEICHTER WERDEN.
WIR HATTEN STAUNEND
UNSRE ERSTEN SCHRITTE
IN JENE WUNDERWELT GETAN.

VON FREMDEN BÄUMEN ÜBERSCHATTET –
EINGEHÜLLT IN SELTSAM FEINE DÜFTE,
UND VON KRISTALLNER BLÄUE
RINGS UMGEBEN FANDEN WIR
DIE INSEL.

ALTE, WIE AUS MÄRCHEN
EINST GEHÖRTE NAMEN
STIEGEN AUF UND ZÖGERND
LEGTEN WIR SIE ÜBER JENE DINGE.

ALLES WURDE NUN VERTRAUT
UND TRAUMHAFT NAH.
SO ALS HÄTTEN WIR
ALS KINDER DIESES LAND GELIEBT
UND FÄNDEN ES NUN WIEDER.

UND WIR SCHENKTEN LACHEND UNSREN
GOLDNEN SAND UND VERGASSEN
IHN AUFS NEUE AUFZUFANGEN.

WENN DER JUNGE TAG
UNS AUS DEM TRAUM ERLÖSTE
FANDEN WIR DAS LICHT
JUNGFRÄULICH AUF DEM MEER
UND TAUCHTEN UNSRE GLIEDER
IN DIE KÜHLE FLUT.

WIE FÜRSTEN NAHMEN
WIR DAS FRÜHSTÜCK
AUF DER KLEINEN TERRASSE
UM DEREN RUNDE BOGEN
BLAUE BLUMEN SPIELTEN.

ALLE WEGE LOCKTEN UNS
IN IHRE STILLE EINSAMKEIT.
DURCH OLIVENHAINE FÜHRTEN SIE
EINGESÄUMT VON NIEDRIGEM
GEMÄUER - HELLES
HEISS DURCHSONNTES GESTEIN.

BIENEN SUMMTEN IM JOHANNISBROT.
EIDECHSEN GLITTEN
WIE DUNKLE SCHATTEN
AUS DEN MAUERFUGEN.
EINTÖNIG ERFÜLLTE
DER GRILLE LIED DIE LUFT.
NUR TIEFER LIESS SIE NOCH
DIE STILLE SINKEN ÜBER UNS.

HOCH HINAUF RANKTE
AN DEN URALT-GRAUEN STÄMMEN
DER OLIVE - FRISCHER WEIN.
SCHON FÄRBTEN SICH DIE ERSTEN
TRAUBEN DUNKEL UND WIR PFLÜCKTEN
SIE, LACHEND - DIE VERBOTNE
FRUCHT GENIESSEND.

SCHON ABER ZOG ES
MAGISCH NEUEN BILDERN UNS ENTGEGEN.
VORBEI AN HÄUSERN UND GÄRTEN,
DIE BLENDETEN VOM LICHT
DER MITTÄGLICHEN SONNE
SUCHTEN WIR UNS EINEN PFAD.

DORTHIN - WO DAS GEWALTIGE LIED
DER WASSER UNS RIEF.
PLÖTZLICH ABER STANDEN WIR,
WIE GEBANNT, SELIG ERSCHROCKEN
VOR DEM HERRLICHEN BILD
DES UNENDLICHEN MEERES,
DAS IN DER FERNE GANZ
MIT DER BLÄUE DES HIMMELS
SICH VERMÄHLTE.

TIEF UNTEN ABER
BRANDETE ES WEISS SCHÄUMEND
GEGEN DEN FELS.
DA FÜHLTEN DOPPELT WIR DAS LEBEN.
WEINEN UND LACHEN ERFÜLLTE
UNS ZUGLEICH -
VON URMÄCHTEN ERSCHÜTTERT.
BALD SCHON WAGTEN WIR
UNS AUCH HINAB.
HERRLICH WARS, SICH GANZ
DEM WILDEN SPIEL DER WELLEN
HINZUGEBEN, GEWORFEN UND GEWIEGT.

MIT DEN HEITEREN MENSCHEN
DIESES LANDES BRACHEN
WIR DAS BROT - TRANKEN
AUS IHREM BECHER
DEN HERBEN WEIN.
SIE GABEN UNS AUCH
JENE KLEINEN, SCHARF
GEWÜRZTEN FISCHE,
DIE SIE IN DER GLUT
AM FELSENRIFF GEBRATEN.
NIE SCHIEN EIN MAHL
UNS SO GESEGNET GUT.

DOCH ENDLICH LOCKTE UNS
DIE ALTE STADT,
DIE SIE DIE PERLE NENNEN
UNTER ALLEN STÄDTEN
DIESER KÜSTE.

VOM MAUERWALL, DEM BREITEN
BLICKTEN WIR IN DAS GEWIRR DER GASSEN.
VERLOREN UNS DARIN, TREPPAUF, TREPPAB
DAS HÄUSERMEER DURCHSCHREITEND.
SELTSAMES LABYRINTH VOLL GLUT
UND LEBEN.

DIES VIELERLEI VON FARBENFROHEN DINGEN,
VON FREMDEN SPRACHEN, LACHEN, FEILSCHEN -
UND GLEICH DANEBEN
DIE HEILIGE STILLE
EINES VOLLENDET SCHÖNEN KREUZGANGS,
DER DEN ALTEN BRUNNEN
ANMUTSVOLL UMSCHLIESST.

SOWEIT DIE SINNE REICHTEN
TAUCHTEN WIR IN DIESE FLUT
DER TAUSEND BILDER.
BIS UNS DIE INSEL RIEF
UND IHRE GROSSE STILLE
WIEDER UNS UMFING.
BALD SENKTE SICH DIE MILDE NACHT
BESTICKT MIT TAUSEND STERNEN
ÜBER UNS - UND IN DEN SCHLAF
SANG UNS DAS FLÜSTERN
DER KLEINEN WELLEN,
DIE DIE BUCHT UMSPIELTEN.
UND IMMER WIEDER STIEG
UNS STRAHLEND AUF -
EIN JUNGER TAG VOLL LICHT!

DOCH EINMAL BLIEBEN UNSRE HÄNDE LEER!
VERRONNEN WAR DER GOLDNE SAND -
UND DRAUSSEN STAND
MIT SILBERSCHWINGEN
JENER GROSSE VOGEL
BEREIT UNS AUFZUNEHMEN
UND ZURÜCKZUTRAGEN.
EIN LETZTES MAL ZEICHNETE
SCHIMMERND DER ROTE SONNENBALL
UNS UNSERN WEG ÜBER DAS MEER.
UNSRE AUGEN WAREN DUNKEL,
STILL UNSER HERZ.

WIE AUS EINEM TRAUM ERWACHEND
FANDEN WIR UNS WIEDER -
INMITTEN UNSRER KLEINEN,
ENG UMGRENZTEN WELT.

DOCH NIMMER VERMAG DAS GRAU
DER TAGE GANZ UNS ZU BEDECKEN.
DENN IN UNS BLÜHT UND GRÜNT
DAS KLEINE PARADIES.
ERINNERUNG IST
WIE EIN REICHER, BUNTER BILDERBOGEN
IN UNS AUSGEBREITET.
EIN WORT, EIN BLICK
EIN KLEINES LIED -
UND SCHON BEGINNT DER ZARTE REIGEN.

DU FÜLLTEST UNS'
DIE BITTEND HINGEHALTNEN HÄNDE SCHWER
MIT GÜLDNEN STUNDEN.
EIN VOLLES MASS –
EIN MASS OHN ALLES ENDE.

WAS LÄSST MICH WIEDER FRAGEN?

WAS LÄSST MICH WIEDER FRAGEN
UND UNGESTÜM BEGEHREN?
WAS MACHT DAS BLUT MIR SCHWER
UND SCHREIT NACH LICHT?
WIE SOLL ICH MICH
DER HEISSEN PFEILE WEHREN,
WIE JENE SEHNSUCHT STILLEN,
DIE MIR AUS DER SEELE BRICHT?
ACH KÖNNT ICH ENDLICH DOCH
DICH LEBEN GREIFEN -
DEN SINN BERAUSCHEN
AN DEM SÜSSEN SAFT -
WANN ENDLICH WOLLEN
MEINE FRÜCHTE REIFEN -
WOHIN DIE UNGESTÜME KRAFT?
EIN HOHER WEITER HIMMEL
WÖLBT SICH ÜBER MEINEN STUNDEN
UND EINE HEISSE SONNE
ROLLT DURCH MEINEN TAG -
ROLLT HINAB UND IST ENTSCHWUNDEN
MIR BLEIBT DAS DUNKEL -
BLEIBT DIE FRAG !

GANG DURCH DAS MOOR

WIR SIND DURCH DAS MOOR GEGANGEN -
KENNST DU DEN WEG DURCH DAS MOOR
DA SCHAUEN AUS SCHILFROHR UND KRÄUTERN
VIEL BUNTE BLUMEN HERVOR.
WEISSFLOCKIGES GRAS WEHT IM WINDE
DORT LEUCHTET WIE DER SCHNEE -
EIN ZARTES BLUMENGEBINDE,
DES MOORES ORCHIDEE.
UND BIRKEN STEHEN UND HEBEN
DIE ÄSTE ZUM HIMMEL EMPOR.
DU FÜHLST ES UNTER DEN FÜSSEN
DAS WARME, WEICHE MOOR.

REGEN

ICH FALLE MIT DEM REGEN
FALLE VON BLATT ZU BLATT
OB IRGENDWO DIES FALLEN
EINMAL EIN ENDE HAT?

RINGSUM DIE ERDE TRINKET
VOM HIMMEL DAS SCHWERE NASS –
AUCH TRAURIGKEIT VERSINKET
UND ÜBER IHR WACHSET DAS GRAS.

SO WÄCHST AUS DEM FALLEN
DIR EINMAL EIN JUNGER
BIEGSAMER BAUM –
DICH HAT ER VERGESSEN
UND STEHT NUR UND FÜLLT
DEINER SEHNSUCHT RAUM.

HERBSTLICHER AHORN

HAST DU DAS WARME GOLD
VOM AHORNBAUM GESEHEN?
WIE ES VOM LICHT DURCHWIRKT
DEM HIMMEL SICH VERMÄHLTE?
WIE ALL DAS BLAU
SICH IMMER NOCH VERDICHTEND
UM SEINE BLÄTTER FLIESST -
DIE STERBEND SCHON
SICH GLÜHEND NOCH VERSCHENKEN.
NUR MANCHMAL LÖST SICH SANFT
EINS AUS DER FÜLLE UND FÄLLT.
VERWANDELT SICH IM FLUG,
WIRD BRAUN UND WELK.
WAR ALLES TRUG -
EIN TRAUMBILD NUR?
AUS SOLCHEN BILDERN
FÜGT SICH STÜCK UM STÜCK
DAS STILLE GLÜCK.
LASS DICH VERZAUBERN
SOLANGE NOCH DIE SONNE
IN DEN BLÄTTERN SPIELT.
BALD WERDEN SCHWARZ
DIE KAHLEN ÄSTE
GEGEN DEN GRAUEN HIMMEL STEHN.

SCHRITTE

WIR GEHEN UNZÄHLIGE SCHRITTE
HIN AUF EIN VERBORGENES ZIEL.
WIR SUCHEN UNSERE MITTE –
DIE WIR VERLOREN IM SPIEL.

NUR MANCHMAL HALTEN WIR INNE
IN DEM RASTLOSEN LAUF –
BETRACHTEN UNSRE GEWINNE
UND NEHMEN DIE NIETEN IN KAUF.

UND WISSEN DASS UNSER JAGEN
BLEIBT DOCH OHNE BEUTE ZULETZT,
WENN NICHT DER UNSAGBARE
UNS NOCH EIN ZEICHEN SETZT.

MEINEN ELTERN

IHR MEINE GELIEBTEN
IN UNBEKANNTEN FERNEN –
IHR DIE ICH SUCHE,
NOCH ZWISCHEN DEN STERNEN
DIE MEINE SEHNSUCHT
UNABLÄSSIG RUFT:
WANN ÜBERBRÜCKT IHR
DIE GRUNDLOSE GRUFT?
HÖRT MEINE FLÜSTERNDEN GEDANKEN
DIE ZÄRTLICH ICH INS UNSICHTBARE SENDE
ACH FIELEN ENDLICH DOCH DIE SCHRANKEN
KÄM ENDLICH DOCH DIE GROSSE WENDE!
WÄR EWIGKEIT DOCH AUFGETAN
UND ÜBERWUNDEN RAUM UND ZEIT.
SEHT ICH BIN AUF DEM WEG ZU EUCH –
GEBT MIR EIN SCHÜTZENDES GELEIT!

GEBURTSTAG

UND WIEDER WÖLBT DER BOGEN
EINES JAHRES SICH ÜBER MEINEM LEBEN!
ICH STEH UND WAS ES MIR GEGEBEN
ZIEHT NUN AN MIR VORBEI -
IN EINEM BUNTEN REIGEN,
ALS WOLLT SICH MIR DIE
GROSSE GÜTE MEINES GOTTES ZEIGEN.
VON VIELEN LIEBENDEN GESICHTERN
SANFT UMSCHLOSSEN
GEHE ICH TRÄUMEND FAST
DURCH DIESEN TAG.
ICH WEISS, DIE JAHRE
DIE MIR SCHNELL VERFLOSSEN
SIND EINGEFASST IN DIESEN
AUGENBLICK UND OHNE FRAG.
SIEH, ICH VERTRAUE MICH
GANZ BLIND NUR DEINEM WILLEN AN.
ICH GEHE ENDLOS FORT AUF DIESER BAHN
IN DER GEWISSHEIT
DASS DU DORT DAS ZIEL MIR BIST
UND IN DEINE WARME GÜTE
WUNDERBARER VATER
MICH EINSCHLIESST

SENDUNG

DIR MEIN LEBEN
WERD ICH EINEN STEMPEL GEBEN
DER UNLEUGBAR ZEUGT
WAS ICH WAR UND BIN.
IN DICH MEIN SCHICKSAL
WILL ICH WEBEN
EIN EIGNES BILD
VOM EWIGEN SINN.
ICH WILL MICH VERSTRÖMEN
IN DIE DÜRRE HINEIN.
MICH BRENNEND VERZEHREN
EIN LEUCHTENDER SCHEIN
DER DIE KÄLTE DURCHBRICHT –
EIN WÄRMENDES SEIN
DAS VOM EWIGEN SPRICHT.

SO WILL ICH DICH
MEIN LEBEN FASSEN
DICH RÄTSELVOLLES MASS VON ZEIT
WILL ICH MIR GANZ GESCHEHEN LASSEN,
DENN IRGENDWO IST ER BEREIT –
MICH IN DIE STILLE AUFZUNEHMEN
DIE ENDE IST UND ANBEGINN –
UND SENDUNG IN EIN NEUES SEHNEN
UND STETIG WACHSENDER GEWINN!

FRÜHLINGSBOTE

KLEINE PRIMEL
DORT AUF MEINEM TISCHE,
BIST VOM HELLEN LICHT
DES FRÜHLINGS GANZ ERFÜLLT,
UND AUS JEDEM DEINER BLÜTENKELCHE
SÜSSER, ZARTER DUFT MIR QUILLT.
SCHÜTZEND - WIE VOLL ZÄRTLICHKEIT
UMGEBEN LINDENGRÜNE BLÄTTER
DIE GESICHTER DEINER BLÜTE.
SONNENGELBER BOTE
KNOSPEND NEUES LEBEN
AUS DES EWGEN GOTTES GÜTE.

MOORSEE

DICHT UMKRÄNZT VON HOHEM SCHILFGRAS
GLÄNZT DER MOORSEE DORT
WIE DUNKLES GLAS
ALTE EICHEN ÜBERSCHATTEN SEINE UFER
UND IN DER FERNE KANNST DU
DIE SCHMALE SILHOUETTE
DUNKLER TANNEN SEHN.
HINTER DENEN
IN DURCHSICHTIGEM BLAU
FAST WIE EIN AHNEN NUR,
DIE GROSSEN BERGE STEHN.

MIT LEICHTEM ZAUDERN
WAGST DU DIE ERSTEN SCHRITTE
ÜBER WEICHEN PFAD,
SINKST EIN UND GEHST DOCH FORT,
FAST MAGISCH ANGEZOGEN
VON DEM STILLEN UND GEHEIMEN ORT.

VERTRAU' DICH RUHIG
DEM SANFTEN WASSER AN
DAS DEINE GLIEDER WARM UMSCHMIEGT.

BALD FÜHLST DU DICH
SO WIE EIN KIND,
DAS EINE GUTE MUTTER WIEGT.
ACH WELCH EIN WUNDER
HAT SICH VOR DIR AUFGETAN!

ZARTE, GLÄSERNE LIBELLEN
SCHWIRREN UM DICH HER.
ES IST SO STILL
DU HÖRST DIE FEINEN FLÜGEL SCHLAGEN.
BIST GANZ ERFÜLLT VON LICHT UND BLAU
UND GIBST DICH HIN -
OHN' ALLES FRAGEN.

LÄSST DICH GANZ RUHIG NUR GLEITEN
UM NICHTS ZU ZERSTÖREN,
UM GANZ EINS ZU SEIN.
FÜHLST, WIE SICH DEINE SINNE WEITEN -
UND WIE DU SELBST
GEHST IN DAS WUNDER EIN.

GLEICH ZARTEN ALABASTERSCHALEN
SCHWEBEN RINGS UM DICH
SEEROSEN AUF DEM WASSER.
WEISS SCHIMMERND
UM EIN GOLDNES LICHT.
DASS STRAHLEND AUS DER MITTE BRICHT.

UM DIE LANGEN
STENGEL IHRER BLÄTTER
SPIELEN KLEINE FISCHE.
BLEIBEN GANZ REGLOS PLÖTZLICH STEHN -
DU FÜHLST UM DICH
DIE ZEIT NICHT MEHR VERGEHN.

GANZ BIST DU EINGEWOBEN
IN DIE VOLLKOMMENHEIT -
UND WEISST - OHN'JEGLICH DENKEN:

- DIES IST SCHON EWIGKEIT.

NIEMALS WIRST DU BEGREIFEN

NIEMALS WIRST DU BEGREIFEN
DIESES GESCHICK -
GEWOBEN AUS UNENDLICHKEIT.
DENNOCH WIRD AUS DIR REIFEN
EIN PLAN DURCH DIE ZEIT.
VERWUNDERT STEHST DU NUN STILLE
UND LÄSST ES AN DIR GESCHEHN,
WIE DA EIN ANDERER WILLE
DEN DU NUR SPÜRST WIE EIN WEHEN -
DURCH DICH WIRKT.
DU LÄCHELST
SO WIE EIN KIND -
UND WEISST DICH DOCH HERRLICH BESCHENKT:
WEIL DU DICH HINGABST,
GANZ BLIND,
WARD LEISE DEIN FUSS GELENKT.

AM GRABE

BEDECKT GUT MIT ERDE
SELTSAMES GEVIERT –
LIEBEVOLL IMMER MIT
BLUMEN GEZIERT.
DOCH ÜBERSCHATTET
VON KREUZES LAST –
WEIL DU DAS LÄCHELN
BEGRABEN MIR HAST.
KOSTBARES KLEINOD
SCHLIESSEST DU EIN –
UND KANNST DOCH NUR
ZIEL UNSERER ENDLICHKEIT SEIN!

GEBOREN BIN ICH

GEBOREN BIN ICH
IN EINE UNENDLICHKEIT HINEIN.
TEIL EINES GANZEN
IM ALL ZU SEIN.
WINZIGES GLIED
IN DER KETTE DER VIELEN –
HIER MUTTER, DA SCHWESTER
UND FREUND DEM GESPIELEN.

EINEM ZUM ÄRGERNIS
AUS UNVERMÖGEN.
DEM ANDEREN
IN EINER STUNDE
ZUM TROST ODER SEGEN.

GEWORFEN, GEWIEGT
GETRIEBEN, GEZOGEN –
FÜHL ICH MICH EINGESPANNT
IN EINEN BOGEN
DER MICH MIT ALLEN FASERN
BINDET AN DIESE WELT,
DIE MIR VERKÜNDET
DASS ZULETZT
NUR DIE LIEBE LEBT.

BLIND

ÜBE DICH UMZUGEHN
MIT DER FINSTERNIS.
HÖRE NICHT AUF, DICH
MIT SCHUTZWÄLLEN ZU UMGEBEN.

NIMM DEIN GESICHT IN ACHT.
GREIF MIT DEN ARMEN VORAUS.
WEHR MIT DEN HÄNDEN
AB DIE GEFAHR.

LASS DEINEN FUSS SORGSAM TASTEN
UND WERDE SENSIBEL.
DASS DU ZU DEUTEN VERMAGST,
WO DER SICHRE PFAD AUFHÖRT.

LAUSCHE GESPANNT.
ALLE KREATUR SCHREIT AUF
WENN DAS UNHEIL SICH NÄHERT.
SEI NUR GANZ STILL –
VIELLEICHT GEHT ES VORBEI.

FREMD

MANCHMAL BIN ICH EINE FREMDE
IN DEM HAUS, DAS MEINE HEIMAT IST.

FRIEREND ZIEHE ICH DEN MANTEL UM MICH HER
UND STAMMLE EINE SPRACHE,
DIE KEINER HIER VERSTEHT.

MAN REICHT MIR FREUNDLICH BROT
UND AUCH DIE WANGE HIN ZUM KUSS,
WIE ES DIE GASTFREUNDSCHAFT GEBIETET.

ICH ABER WAGE NICHT DEN MANTEL AUSZUZIEHN,
DER MEINE BLÖSSE DECKT.
SCHON BIN ICH GANZ VERSTUMMT.

GIBT ES DENN KEINEN HIER,
DER MEINE SPRACHE SPRICHT?

WEISS NIEMAND DENN
DEN BANN ZU BRECHEN,
SAGT MIR DAS ZAUBERWORT
DAS MEINE STARRE LÖST?

WÄRS NUR EIN KLEINER VERS,
DEN EINER FRÖHLICH SPRÄCHE.
EIN LIED, NUR EIN VERNEHMBARER
GEDANKE – DEM GANZEN ZUGEWANDT.

EIN KERZENLICHT BRENNT STILL
DORT AUF DEM TISCHE,
DAS TEILT MIR TRÖSTLICH
MEINE EINSAMKEIT.

ANTWORT

DU VERLANGST NACH DER QUELLE?
WIE EIN VERDURSTENDER BEGEHRST DU
DAS REINE WASSER.
ES IST IMMER FÜR DICH DA.
WARUM ABER KOMMST DU MIT
EINEM ALTEN ROSTIGEN KESSEL
UND LÄSST IHN ACHTLOS FALLEN.
SIEH, NUN TRÜBT DER KLARE SPIEGEL SICH.

DU HAST NUR DEN SCHLAMM AUFGEWÜHLT.
NUN MUSST DU WARTEN.
HAB' NUR GEDULD, ES WÄHRT EINE ZEIT.
DU KANNST DICH BESINNEN
WIE DU ES ANFANGEN WILLST.

FORME DIE HÄNDE SORGSAM ZU SCHALEN
UND TAUCHE LEISE EIN.
NUN HEBE SIE AUF UND TRINKE.
VERGISS NICHT DAS GESCHÖPF
NEBEN DIR - ES WARTET AUF DICH.

ANKUNFT

HAST DU'S NICHT VERNOMMEN?
ER IST ANGEKOMMEN!
WORAUF WARTEST DU NOCH,
BEGRÜSS IHN DOCH!

ICH HAB NICHTS GESEHN.
MIR IST NICHTS GESCHEHN,
MEIN HERZ BLIEB MIR LEER,
UND LEBEN IST SCHWER!

HAB NIE AUFGESCHAUT
UND KEINEM GETRAUT!
NUR DAS BÖSE IST WAHR,
ÜBERALL LAUERT GEFAHR.

WAG EINMAL NUR NOCH
DEN AUFBRUCH DOCH.
ER MUSS DIR BEGEGNEN
UM DICH ZU SEGNEN.

ER IST SCHON BEREIT.
ES IST DEINE ZEIT.
DEIN LEBEN WIRD LICHT
WEIL ER ZU DIR SPRICHT:

NUR DAS GUTE IST WAHR.
ES BESIEGT DIE GEFAHR.
ICH BESTEHE DARIN –
WEIL ICH EWIG BIN.

NACHT LASS AB

NACHT LASS AB
MIT DEINEM STÖHNEN.
GIB MICH FREI -
DER TAG BRICHT AN.
WILL MICH MIT
DEM LICHT VERSÖHNEN,
DASS ES SEI
WIE ER'S BEGANN!

DASS DIE LIEB
MIT IHREN STRAHLEN
IN MIR WÄCHST
UND KEIMT UND TREIBT.
WILL MIT GOLDNEN LETTERN
MALEN, WAS ER
IN MEINE SEELE SCHREIBT.

EIN JUBELLIED WILL
ICH IHM SINGEN
UND PREISEN SEINE HERRLICHKEIT.
SO SOLL DER TAG
MIR HEUT GELINGEN,
EIN REISEN IN
DIE EWIGKEIT.

SILVESTER

EIN ALTES JAHR SINKT LEIS HINAB
UND WIRD VERGANGENHEIT.
HAST DU BEDACHT WAS ES DIR GAB?
ES WAR AUCH DEINE ZEIT.

VON DIR UND MIR WAR ES EIN STÜCK,
DURCHLEBT UND AUCH DURCHLITTEN.
OB TRÄNENNACHT, OB REINES GLÜCK –
ALLES IST UNS ENTGLITTEN.

NUN BRAUCHST DU NUR ZURÜCKZUSCHAUEN
UND DEINEN WEG ZU MESSEN,
STEIGT ER HINAUF INS GOTTVERTRAUEN –
KANNST DU DEIN LEID VERGESSEN.

WAS DICH GEQUÄLT – ES GING VORBEI,
LASS AB VON ALLEN SORGEN!
GIB DICH FÜR NEUE WEGE FREI,
ERWARTE FROH DEN MORGEN.

EIN IRDISCH MASS IST UNSRE ZEIT,
VON MENSCHEN NUR ERSONNEN.
GOTT SCHUF DICH FÜR DIE EWIGKEIT
UND DU HAST KAUM BEGONNEN.

HALTE MEIN HERZ

HALTE MEIN HERZ
WENN ES AUFFLIEGEN WILL.
LASSE ES GROSS WERDEN
IN DEN NIEDERUNGEN.
VERLETZLICH SIND SEINE SCHWINGEN.
VIELLEICHT STÜRZT ES INS LICHT
UND VERBRENNT;
WANDLE SEIN BEBEN
IN EINE SPRACHE DER LIEBE.
DASS ES NICHT SINNLOS VERGLÜHT
SONDERN LIEBE AUSSENDET.

TOD DER ALTEN BÄUME

SIE LEGTEN HAND AN EUCH.
IHR UNSRE ALTEN BÄUME.
VERTRAUTE GEFÄHRTEN VIELER TAGE.
DRÖHNEND FRASS DIE SÄGE SICH
IN EURE SCHÖNEN STÄMME.
SIE ACHTETEN NICHT
DAS ZARTE GRÜN DAS EBEN ERST
DIE SPITZEN EURER ZWEIGE SCHMÜCKTE.
EIN LETZTER FRÜHLING.
IHR, DIE IHR JAHR FÜR JAHR
MIT EUREM BLÜTENZAUBER
DEN GARTEN WIE EINE BRAUT GESCHMÜCKT.
DIE IHRE BREITEN ÄSTE SCHÜTZEND
UM UNS LEGTEN -
KÜHLEN SCHATTEN SPENDEND
AN HEISSEN SOMMERTAGEN.
DIE UNS DIE KÖRBE FÜLLTEN
MIT SÜSSER FRUCHT IM ÜBERFLUSSE.
SCHON IST ES STILL.
ZERSTÜCKELT LIEGT IHR DORT.
ZERSCHNITTNE ÄSTE, AUS
DENEN NOCH DIE KNOSPEN DRÄNGEN.
VERZEIHT IHR BRÜDER,
WIR HATTEN KEINE MACHT
DIES ZU VERBIETEN.

WANN WERDEN BÄUME AUFERSTEHN?

KETTENHEMD ÜBER MEINER SEELE

DAMIT MAN SIE NICHT VERWÜSTE.
SCHWERE SCHILDE SCHLEPPEND
UMD DIE STREICHE ABZUWEHREN.
EISENGITTER UM DEN KOPF.
SCHWERE SCHRITTE UNTER DUMPFER LAST.
WUNDEN WACHSEN UNAUFHALTSAM
UNTER DIESEM PANZER –
UNSICHTBAR.
WANN WIRD MICH DIES KLEID BEZWINGEN?
WER ZWANG MICH DENN, ES ANZULEGEN?
WARUM NUR BIN ICH SO VERLETZBAR?

LIEGEN AM HANG

LIEGEN AM HANG
WIESENVERWACHSEN
EINGESOGEN - GETRAGEN.
WINDFINGER VOLL ZÄRTLICHKEIT
BEHUTSAM TASTEND
UM AUGEN UND MUND
WÜHLEN IM HAAR,
STREICHEN ES SANFT
AUS DER STIRN -
FÄCHELND - KEIMENDES LÄCHELN,
GANZ AUS DEM GRUND.

DORT UM DAS BLOSSE KNIE
SAMMELT SICH JETZT DAS LICHT
VOLL WÄRME.
NUR HINGEATMET
VOR DEN HAHNENFUSS
DER SEIN GÜLDNES
KLEINES GESICHT
WIEGT IM ENDLOSEN BLAU.

BEGEGNUNG

GESTERN WAR DEIN GESICHT
IN DEN HIMMEL GEZEICHNET.
BRONZENE FLÄCHE
IN SCHARFER KONTUR
VOR DEM FLIESSENDEN BLAU.

EINEN ENDGÜLTIGEN AUGENBLICK LANG
STAND ES RIESENHAFT IM FIRMAMENT.
GEBORENE, GEPRÄGTE FORM
UM EIN EINZIGES ICH.

DIESMAL GEHÖRTE DAS LÄCHELN
SICH SELBST.
WAR GANZ OHNE SPOTT
UND WANDTE SICH NUR INS LICHT.

NUR DIE AUGEN BLIEBEN INNEN
GANZ VERBORGEN IN DIR.
HALTEND DIE INNERE FLUT.

KAUFE DIE FREIHEIT

KAUFE, KAUFE DIE FREIHEIT!
LASS DIR DIE FRON GEFALLEN!
TRAGE GERN DAS BITTERE JOCH!

WENN DU EINEN TAG AUSHARRST
GIBT MAN DIR EINE STUNDE ZURÜCK.
EINE STUNDE DIE DIR GEHÖRT.

FÜGE, FÜGE DICH EIN!
TRETE DAS RIESIGE RAD –
EINMAL KOMMT ES ZUM STILLSTAND.

telex

flüchtender gedanke - erfolgreich gestoppt -
der gegenwart überstellt.
endgültig zur aussage verurteilt -
bewegt sich unruhig, fiebernd
zwischen den gitterstäben
vollendeter satzgefüge.
immer auf der suche nach worten -
die das unsagbare greifbar machen.

GENUG

ES IST GENUG!
WAS SOLL DIE ZEITEN FÜLLEN?
NICHTS WILL MIR SCHEINEN
WÄRE ZU ERSTREBEN.
DIE ÄUSSEREN GÜTER
SIND MIR LANGE SCHAL.
WANN VERGLIMMT DENN GANZ
DIE INNRE GLUT?
ZWAR WISSEN WIR VOM MORGEN
DER ALLES SCHEINT ZU WANDELN
IN EIN BESSRES LICHT.
DOCH UNAUFHALTSAM SENKT SICH
JEDER TAG IN EINE NEUE NACHT!
ES IST GENUG!

BRENNENDER BUSCH

HÖRE MICH DU
DEN DIE GLÄUBIGEN PREISEN.
BRENNENDER BUSCH
SPRICH ENDLICH: "ICH BIN"!

SEIT ICH VOM LEBEN WEISS
SUCH ICH DAS DEINE.
DURCH ALLE VERLORENHEIT
SCHREI ICH ZU DIR!

WACHS ICH DIR ZU?
ODER KRANKT MEINE SEELE
ENTGEGEN DEM NICHTS?

SIEH, TIEF IN MIR
LEBT IM WÄRMENDEN LICHT
NOCH DAS KIND.

KOMM UND SCHÜTZE ES
WEIL ES DIR NOCH VERTRAUT.
GENÄHRT VON DEN WEISEN
EINER URALTEN LEHRE.

GETRÜBTES LICHT

GEFÄLLT ES DIR
DICH DÜSTREN SPIEGELEIEN
ZU ÜBERLASSEN?
DAS AUGE SO VERENGT
DASS NUR NOCH DUNKELHEIT
SICH OFFENBART?

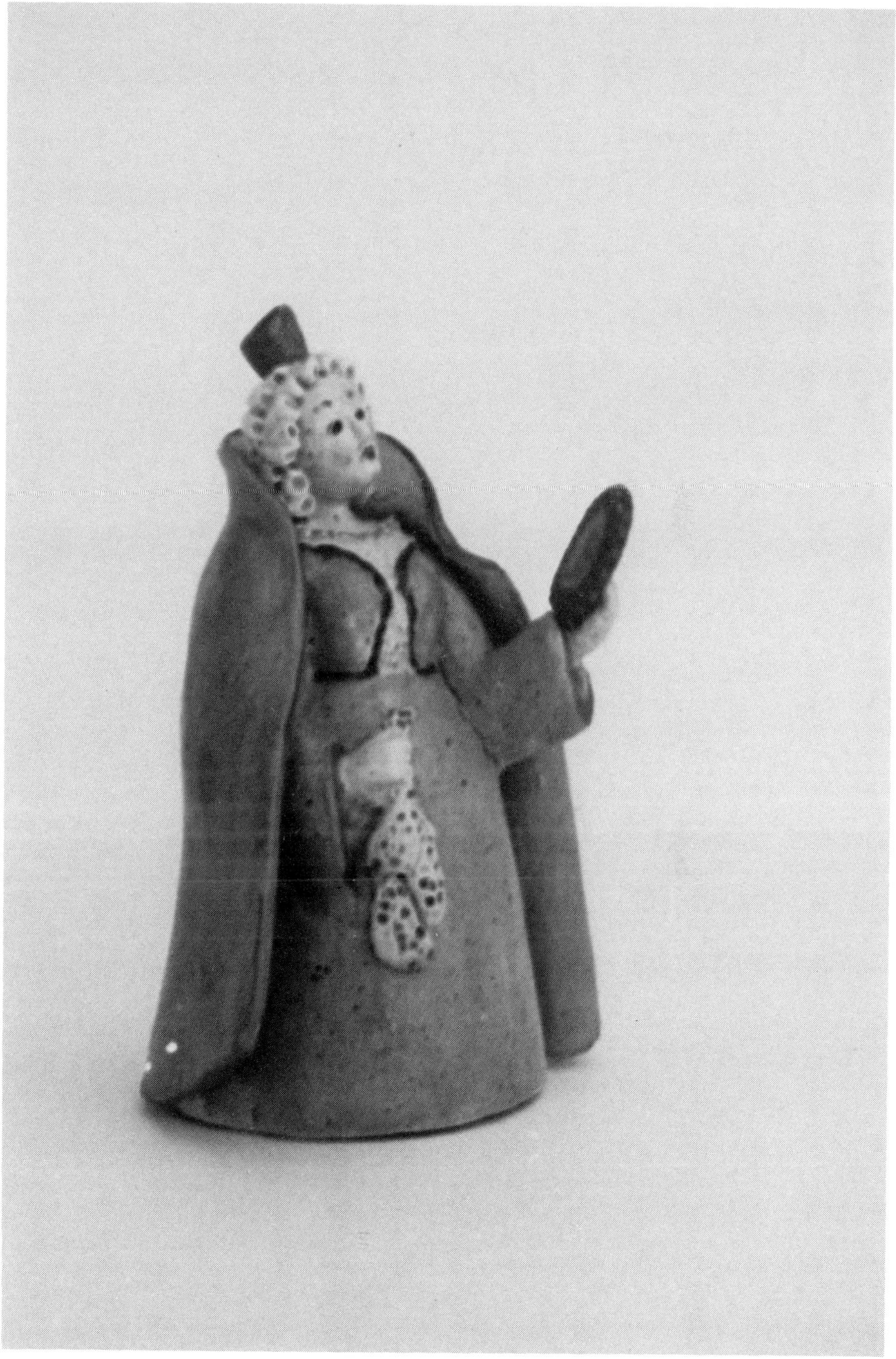

WORTSPIEL

DAS HERÜBERSCHWINGT
BIST DU KLEINES GEDICHT.
INNRE BEWEGUNG
FAST SCHON ERLÖST
WEIL ES AUS DIR SPRICHT.

BOTSCHAFTER

AUS DEM REICH DER MITTE
KOMMST DU - WEIT HER.
MANCHMAL ERKENNT MAN DICH NICHT
UND DAS VERSTEHEN WIRD SCHWER.

MAGISCHES BILD

DAS VERBLASST -
DEM, DER DEN ZAUBER NICHT KENNT.
DAS SICH NUR LEUCHTEND ERSCHLIESST -
WENN EINER DIE LOSUNG NENNT.

SCHREITE WEIT AUS ...

FRAG NICHT MEHR
SONDERN GEH,
GEH NUR –
SCHREITE WEIT AUS
UND LASSE DICH
SELBST ZURÜCK.
WIE EINEN,
DEN DU GEKANNT UND GELIEBT.

WENN DU FREUNDEN BEGEGNEST
ODER DEM FREMDEN SO LÄCHLE
WARM – HEILEND.

LASS VON DER GÜTE
DICH TRAGEN
UND VERSCHWENDE
DICH NUR.

SCHREITE WEIT AUS.
LASSE DICH SELBST ZURÜCK,
BIS DU DICH FINDEST ZULETZT
IN DER TIEFE DER VIELEN.

ADVENT

TORE, TÜREN, TAUSENDFACH
VERRIEGELT - VERSPERRT,
GESICHERT DURCH SCHWERES GEBÄLK.

IRGENDWO DRAUSSEN DAVOR
DIE ANDEREN, FREMDEN
DIE ANKOMMEN WOLLEN.

ANKLOPFEN, POCHEN, HÄMMERN
DAGEGEN SCHLAGEN -
RUFEN UND SCHREIEN.

ÖFFNET DIE TORE WEIT.
NEHMT ANKUNFT WAHR.
SCHAFFT DAS RIEGELWERK AB.

BIS ZUR INNEREN TÜR
LASST FALLEN DAS SCHWERE SCHLOSS!
ÖFFNET DIE INNENRÄUME.

ADVENT

FREUND

MIT SORGE SAH ICH DICH STEHN
ANGESPANNT UND ALLEIN.
UM DICH WAR DA EINE WAND -
DU LIESSEST MICH NICHT HEREIN.

WISSE NUR DASS ICH NOCH STEH
UND HÖRE NACH DEINEM RUFE
ES TRENNT UNS DIESES WEH
NUR EINE HALBE STUFE.

IRGENDWANN BIST DU FREI
UND ICH FINDE IHN, DEINEN BLICK.
DU LÄCHELST MICH WIEDER AN
UND ICH WEISS DU KEHRTEST ZURÜCK.

FREUNDSCHAFT TRÄGT WEIT HINAUS
ÜBER DIE DUNKELHEIT.
DU FINDEST DAS BERGENDE HAUS -
INMITTEN DER EINSAMKEIT.

WOLKE

FLIEGE WOLKE!
HEBE DICH AUF.
LEG WIE EIN SEGEL
DICH IN DEN WIND.
FLIEG HIN
IM ENDLOSEN BLAU.

SCHIMMRE WEISS
RUND UND RUHEND
IN DIR –
LASSE DICH TRAGEN
SCHWEBEND ÜBER DIE WELT.

TIEF UNTEN HAT
DEINE EIGENE FERNE
ALLES VERZAUBERT.
ALLES IST KLEIN
NUR FARBE UND FLÄCHE.

DU ABER WÄCHST
UND WIRST SCHWER.
FÜLLST DICH MIT DUNKELHEITEN.
WEIL ES DICH DRÄNGT
DICH ZU VERSTRÖMEN.

EINMAL WAGST DU DICH
GANZ IN DIE TIEFE.
LÖSE DICH, REGNE DICH HIN
UND LASS DICH VERSINKEN.

EINE ANDERE KRAFT
TRÄGT DICH WIEDER EMPOR.
IN EINEM BLUMENGESICHT -
IM SPROSS EINES BAUMS
DER ÜBER JAHRHUNDERTE HIN
SICH WIEGT IM WIND,
ODER IM SPRUDELNDEN BACHE
DER DICH DEM MEER VERSCHENKT.

ALLES IST WERDEN.
ALLES IST SEIN.

GEWORDENSEIN....

GEWORDENSEIN TRÄGST DU IN DIR
WIE EINE SELTSAME GESCHICHTE.
KINDERWILDHEIT
JUGENDTRAUM UND LEIDENSCHAFT
TÖNT NACH IN DIR
GLEICH EINEM ALTEN,
LANG VERSCHOLLENEN GEDICHTE.

WARST DU ES DENN,
DER DIESE ZEIT DURCHSCHRITTEN?
HAT NICHT EIN ANDRER SIE,
DURCHLEBT, DURCHLITTEN?

WO BLIEBEN JENE, DIE
EIN LANGES STÜCK DES WEGS
MIT DIR GETEILT?

DIE DICH UMSORGTEN KIND,
DIE DEINE ERSTEN KÜSSE NAHMEN.
FRAG NICHT WOHIN,
WOHIN SEID IHR ENTEILT.

MIT JEDEM NEUEN TAG
MUSST DU DICH SELBST VERLASSEN.
MUSST DICH IN ANDRE,
IMMER NEUE FORMEN FASSEN.

NUN FOLGEN ANDERE GEFÄHRTEN
DEINER SPUR.
SCHMIEGT EINE HAND SICH
IN DIE DEINE?
STREIFT DICH DIE NÄHE
EINES FREUNDES NUR?

ES WEITET DIR DIE SEHNSUCHT
DEINE SINNE.
UND IMMER WIEDER
WIRST DU DIR DES ALTEN
ZAUBERS INNE.

WIRST DU DICH LÖSEN
AUS DEM EWIGEN REIGEN?

EIN IMMERWÄHRENDES VORÜBERGEHN
GLEITET DURCH DICH DIE ZEIT.
DU NENNST ES LEBEN -
SUCHST ZU VERSTEHN -

WIRST EINST DER STILLE DICH ERGEBEN?

MEDITATION IN DER KRANKHEIT

ICH GLÜHE DIR ENTGEGEN SONNE.
DU ZIEHST MICH AN
MEIN STRAHLEND LICHT.
UND WENN ICH TIEF
IN DICH NUN FALLE –
WEITET EIN LÄCHELN MEIN GESICHT.

WIE EINES SEES RUHIGER SPIEGEL
HARRT NUN MEIN SEIN
IM HEILIGEN SCHLAF.
NICHTS BEGEHR ICH ALS DIE STILLE
WEIL ICH DIE EWIGE MITTE TRAF.

VERGESSEN

DROHT MIR DAS SCHÖNE LICHT
SCHON WIEDER ZU VERSINKEN?
ICH FÜHL DIE HARTE STRASSE
UNTER MEINEN FÜSSEN.
UND MEINE SCHULTERN
DECKT EIN SCHWERER MANTEL
DER MICH NIEDERZIEHT.

NUN DEHNT SICH ENDLOS VOR MIR
JENER LANGE WEG.
ICH ATME STAUB UND KÄMPFE
MÜHSAM SCHRITT UM SCHRITT.

TIEF IN MIR LEUCHTET SCHWACH
EIN WIDERSCHEIN VOM LICHT –
DOCH DAS VERGESSEN
DROHT IHN ZU ERSTICKEN.

BRUNNEN BIN ICH

BRUNNEN BIN ICH
VORANGETRIEBEN
IN DIE ERDE
IN DIE DUNKELHEITEN.
UM MICH SCHLIESST SICH
KÜHL UMKLAMMERND
SCHICHT UM SCHICHT
GEWACHSENES GESTEIN.
GANZ VERANKERT
IN DER TIEFE
FÜHL ICH DIE WASSER
IN MIR STEIGEN.
LANGSAM FÜLLT SICH
DAS GESCHLOSSNE RUND.

PERSPEKTIVEN

SPRECHT MIR VON TOD UND VERDERBEN –
ICH FÜHL NUR DAS LEBEN IN MIR!
MÜSST ICH GLEICH TAUSENDMAL STERBEN,
SO LEB ICH DOCH JETZT UND HIER.
STEH UNTER GRÜNENDEN BÄUMEN
NACH LANGER KALTER NACHT UND
WEISS, DASS AUS DUNKLEN TRÄUMEN
EIN NEUER TAG ERWACHT.
MUSS KEIMEN MIT DEN SAATEN
UND TREIBEN, KNOSPEN UND BLÜHN.
WIE SOLLT ICH DAS LEBEN VERRATEN?
ICH WILL MICH IHM STELLEN UND KÜHN
MIT ERHOBNEM GESICHT
WILL ICH DIE ZEITEN DURCHSCHREITEN –
UND G L A U B E N :
AN LIEBE UND LICHT!

MICH FALLEN EINSAMKEITEN AN

MICH FALLEN EINSAMKEITEN AN.
WIE GROSSE, GRAUE TIERE
HOCKEN SIE UM MICH.
ICH LIEGE WIE GELÄHMT
VON IHREN BLICKEN
UND WAGE NICHT
EIN GLIED ZU RÜHREN.
LAUTLOSE SCHREIE SENDE ICH
INS NICHTS!

WILL KEINER MICH ERLÖSEN?
WER SCHEUCHT MIR FORT
DIE DUNKLEN UNGEHEUER?
WER BRICHT MIT EINEM
GUTEN WORT DAS GRAUEN?

LASS DEINE SEELE GEWÄHREN

LASS DEINE SEELE GEWÄHREN
WENN SIE AUSSCHWINGEN WILL
IN DIE DUNKELHEITEN.

HALT SIE NICHT ÄNGSTLICH ZURÜCK
LASS SIE NUR GLEITEN –
IN DIE FINSTERNISSE HINEIN.

ALLES IST SEIN.

SIEH, IN DIE SPITZE DES PENDELS
IST DEINE SEELE GESPANNT.
FLIEGT HIN ÜBER GRUNDLOSE WEITEN,
GRENZENLOS HEISST IHR LAND.

BERÜHRT SIE HIER TRÄNENNÄCHTE?
EINMAL SCHWINGT SIE ZURÜCK!
TAUCHT DICH IN GLEISSENDE HELLE
UND DU TAUMELST LACHEND INS GLÜCK.

Ingrid Großhauser

geb. Neher, Jahrgang 1936, nach Jahren als Erzieherin in der Heimarbeit heute Lehrerin an der Fachakademie für Sozialpädagogik München-Bogenhausen, lebt mit Mann und Töchtern in Munchen.

Adresse: Pilsenseestr.3, 8000 München 70

Margot Hofmeister

geb. 1953, nach abgeschlossener Lehrerausbildung für Gymnastik, Werken und Kunsterziehung Dozentin an der Fachakademie für Sozialpädagogik und Heilpädagogik München-Bogenhausen.
1982 Eröffnung des Seminarhauses in Massing und der Keramik-Werkstatt.
Ausstellungen: Eggenfelden (1982), Nürnberg (1983)
Baukeramik: Säulengestaltung im Rheuma-Zentrum Bad-Abbach (1982)
Reliefgestaltung und Wasserspiel im Heilpädagogischen Zentrum Eggenfelden (1983)

Adresse: Wolfseggerstr.3, 8332 Massing/Ndb.